# Norte, sur, este y oeste

por John Serrano

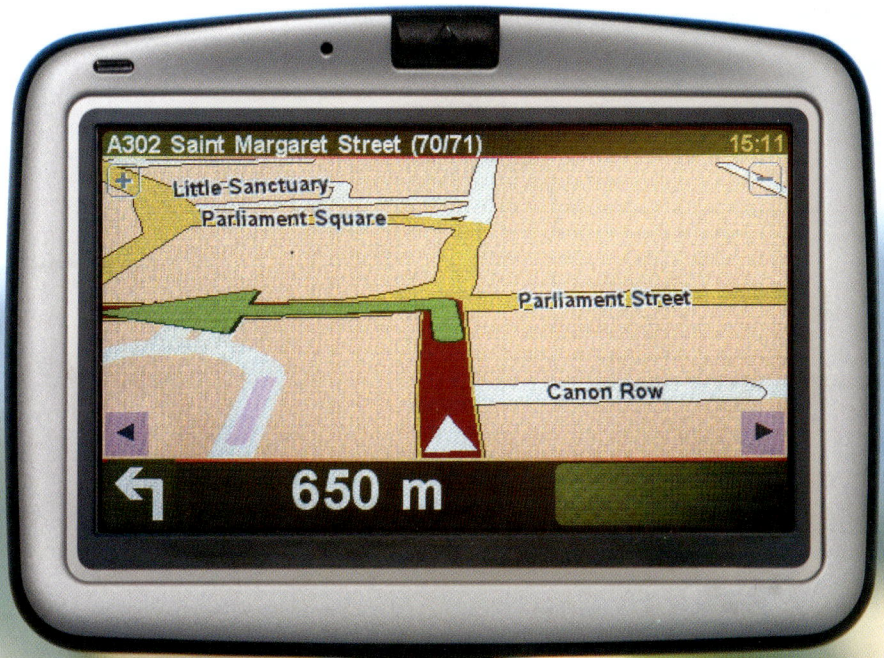

¿Qué puedes ver en un mapa?........................ 2

¿Cómo iremos al zoológico?...................... 6

¿Cómo podemos usar un mapa en el zoológico?..12

## ¿Qué puedes ver en un mapa?

Un mapa es un dibujo de un área. Este mapa muestra las calles y los edificios de nuestra ciudad.

El mapa también muestra lugares para visitar. Nosotros usamos un mapa para ir de un lugar a otro.

Veo mi escuela en el mapa. Nuestro grupo irá al zoológico a ver los animales. Todos estamos contentos.

**Z**

El zoológico también está en el mapa. El conductor del autobús sabe cómo ir de nuestra escuela al zoológico.

# ¿Cómo iremos al zoológico?

El zoológico está al norte y al oeste de nuestra escuela. Nuestro maestro dice que algunas calles están cerradas.

El conductor del autobús dice que algunas calles son de un solo sentido. Tendremos que ir al norte, sur, este y oeste.

El autobús sale de la escuela y avanza hacia el sur sobre la Calle Manzano. Damos vuelta hacia el este en la Calle Bahía.

Nosotros queremos ir hacia el norte por la Calle Rosal. La calle está cerrada, así que avanzamos hacia el norte por la Calle Roble.

El zoológico está al oeste de la Calle Roble. Mi maestro busca en el mapa para poder encontrar una calle que vaya hacia el oeste del zoológico.

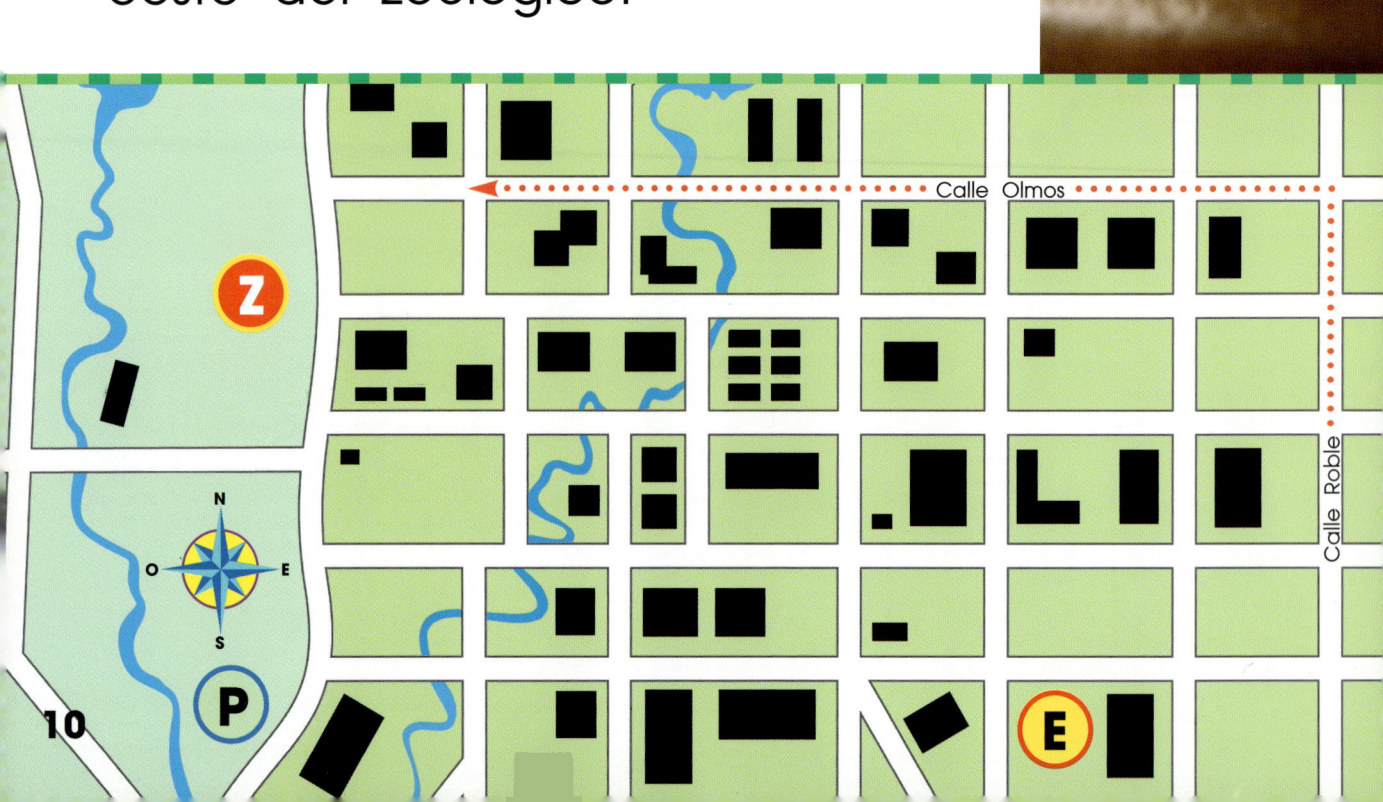

Vamos hacia el oeste sobre la Calle Olmos porque mi maestro dice que llega hasta el zoológico. ¡Ya queremos bajarnos del autobús!

## ¿Cómo podemos usar un mapa en el zoológico?

Primero queremos ver las jirafas. Miramos este mapa. El mapa muestra dónde viven los animales. Las jirafas están al sur de la entrada.

Queremos ver los monos, así que usamos el mapa. Encontramos el lugar donde viven los monos. ¿En qué dirección debemos ir?

¡Los monos son graciosos! Nuestro maestro dice que las focas hacen trucos, así que queremos ver las focas enseguida. Miramos el mapa para buscar a las focas.

Nosotros observamos cómo el cuidador del zoológico alimenta a las focas. ¡Nosotros también queremos almorzar! El mapa muestra dónde podemos sentarnos a almorzar.

Se está haciendo tarde, así que necesitamos volver a la escuela. El autobús está en la entrada. ¿Debemos ir al norte, sur, este u oeste?